Leserabe

Vor-
Lesestufe

Henriette Wich

Lustige Geschichten vom 1. Schultag

Mit Bildern von Antje Hagemann

AF640523

Ravensburger

Bibliografische Information der Deutschen Nationalbibliothek:

Die Deutsche Nationalbibliothek verzeichnet diese Publikation
in der Deutschen Nationalbibliografie.
Detaillierte bibliografische Daten sind im Internet
über http://dnb.d-nb.de abrufbar.

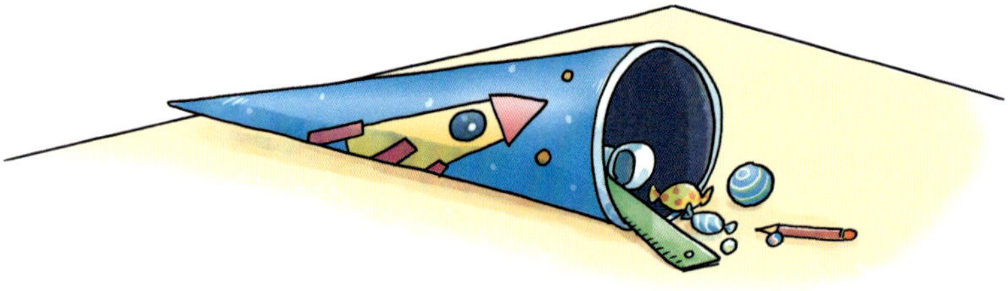

3 5 4 2

Ravensburger Leserabe

Postfach 2460, 88194 Ravensburg
Umschlagbild: Antje Hagemann
Fachberatung: Dr. Birgitta Reddig-Korn
Textredaktion: Nina Schiefelbein
Produktion & Satz:
Weiß-Freiburg GmbH, Grafik & Buchgestaltung
Printed in Germany
ISBN 978-3-473-46317-6

ravensburger.com
www.leserabe.de

Inhalt

Ende gut, alles gut!

Jan stellt die 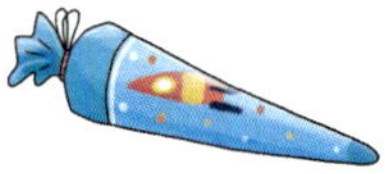

ganz nah neben sein .

Morgen kommt er in die !

Jan träumt, wie er zur  läuft.

Seine blaue 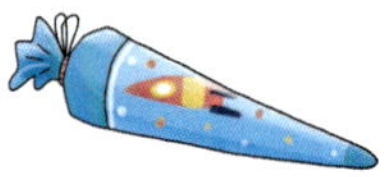 funkelt in der 

und er fühlt sich wie ein .

Endlich scheint die  durchs .

Jan trägt die 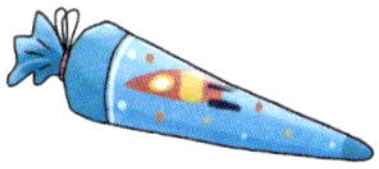 in die 

und legt sie neben sich auf die .

Die  auf der 

sieht voll echt aus.

Jan will später mal  werden

und zum  fliegen.

Plötzlich fliegt etwas anderes:

der  mit .

Jan war vorsichtig, sein  nicht.

Gelbe  klebt auf der 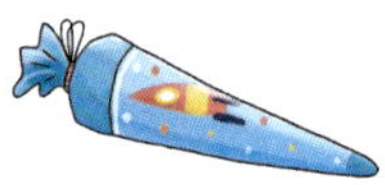.

„Nein!“, brüllt Jan so laut wie ein .

Mama holt die .

Dann macht sie aus dem 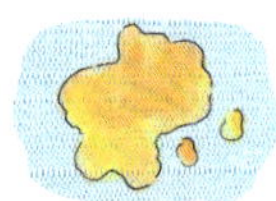

einen großen .

Jan starrt auf die 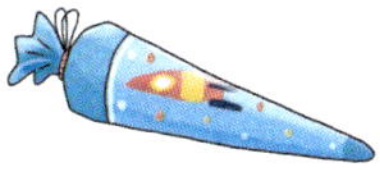 .

Er sieht immer noch den blöden 

und nicht den  .

Papa holt Jans  und ruft:

„Komm, die  fängt bald an!“

Da ist der  der 1b.

Jan winkt Mama und Papa und

hängt seine  an einen 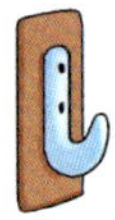.

Hinter Jan kichert ein .

Schnell verdeckt Jan mit der 

den 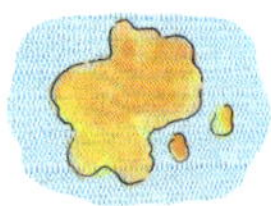 auf seiner 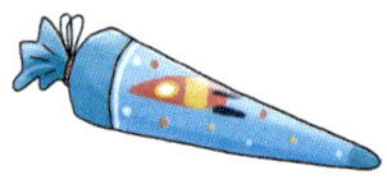.

Die  begrüßt die  herzlich.

Sie zeigt Jan sein 

.

An Jans 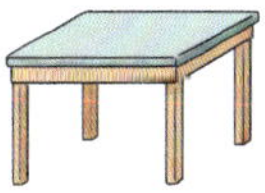 sitzen schon drei .

Alle haben bunte .

Die  bekommen schöne  .

Danach dürfen sie die  öffnen.

In Jans 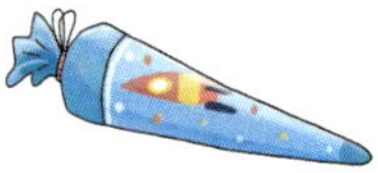 sind tolle  ,

ein 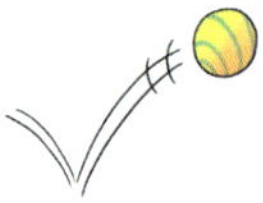 und ein kleiner  .

Der  erinnert Jan

sofort wieder an den 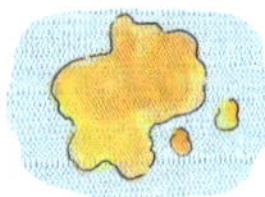 .

Jan stopft alles zurück in die 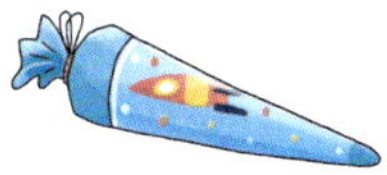

und versteckt sie unter dem 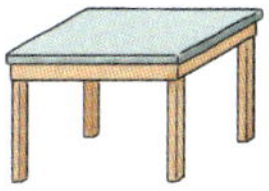.

Hoffentlich hat keiner den  gesehen!

Jan hört nur mit halbem  zu,

was die  danach noch erzählt.

Als die  aus ist,

geht Jan traurig aus dem .

Da spürt er eine 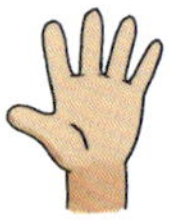 auf der .

„Hallo“, sagt ein . „Ich bin Kiko.

Die  auf deiner 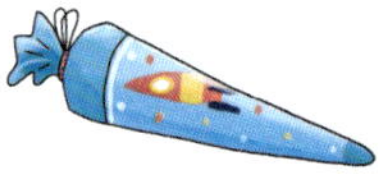 ist cool.“

Jan sieht Kiko mit großen  an.

Stolz erzählt er: „Ich hab die 

ganz allein gebastelt, aus buntem 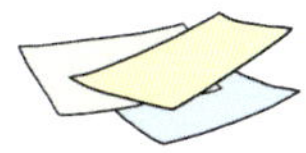."

Kiko klatscht in die 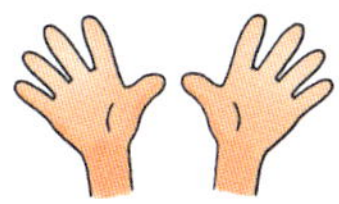 und fragt:

„Wollen wir morgen die  teilen

und zusammen  spielen?"

Jan strahlt von einem  zum andern

und streckt den 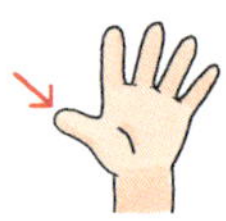 hoch.

Dann fliegt er wie eine 

in Mamas 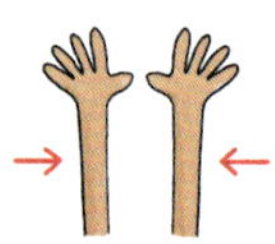.

Wer versteckt sich da?

Daria hüpft wie ein 

an Mamas 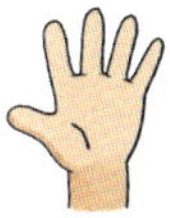 über den .

Sie freut sich so sehr auf die !

Daria saust in den .

Oje, sie kennt keins der anderen !

Ihr  klopft schneller.

Daria sucht nach einem freien .

An welchen 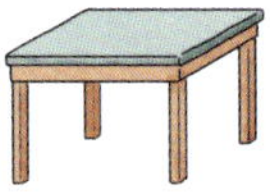 soll sie sich setzen?

Unsicher tritt Daria von einem 

auf den anderen .

Da ruft der : „Alle, die schon sitzen,

bitte noch mal vom  aufstehen!“

Der  spielt  und singt:

„Hallo, , herzlich willkommen!“

Alle tanzen in einer langen 

kreuz und quer durch den .

Plötzlich ruft der : „Stopp!

Setz dich auf den nächsten freien !“

Daria ist schnell wie der ,

aber der  neben ihr bleibt leer.

Alle anderen sind zu zweit am .

Daria spürt einen  im .

Der  sieht sich um und sagt:

„Huch! Jemand fehlt noch: Leo."

Die  sollen Leo suchen.

Er hat sich im  versteckt.

„Leo ist frech“, verrät der 

und zwinkert mit einem 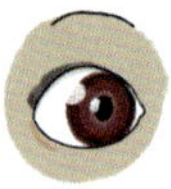 .

Daria hebt die 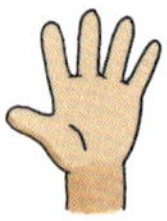 und

fragt den , wie Leo aussieht.

Der  erzählt: „Leo hat braune ,

trägt eine  und isst gerne .“

Sofort fangen die  an zu suchen.

Daria liebt es,  zu spielen!

Hinter dem  sind leider nur

zerknülltes 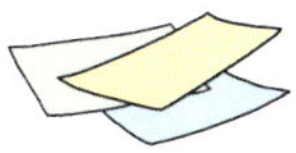 und ein 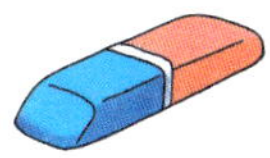 .

Daria schaut in den  .

„Ich hab die !“, ruft Daria stolz.

„Sie lag im .“

Max zeigt aufgeregt zum 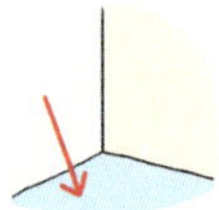.

„Und hier wurden  gegessen.“

Die  folgen der  der .

Sie führt vom 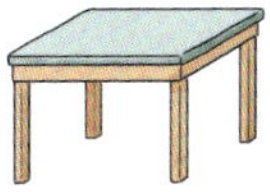 zum 

und weiter bis zum .

Max öffnet die  vom .

Schnell holt der  etwas heraus.

„Hallo, !“, ruft Leo laut.

„Ich bin der  der 1c.“

„Hallo, Leo!“, rufen die  zurück.

Daria setzt Leo die rote  auf.

Der  lacht. „Danke! Und jetzt los,

jeder wieder auf seinen .“

Als alle  sitzen,

klatscht Leo begeistert in die 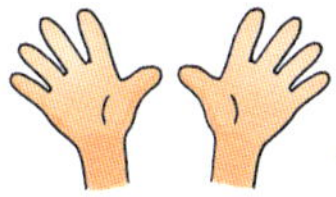.

Dann hüpft er im  herum

und zeigt seine rote .

Alle  lachen und

Daria lacht ganz laut mit.

Der  ist wirklich frech!

Jetzt bleibt Leo vor Darias 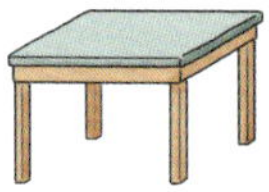 stehen.

Der  flüstert Daria ins  :

„Ist der  neben dir frei?“

Daria klopft mit der 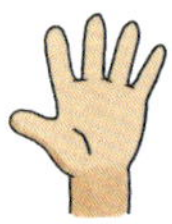

auf den  und sagt: „Ja, klar!“

Leo lässt sich auf den  fallen,

hüpft auf den 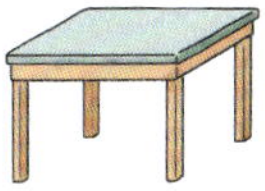

und wieder auf den .

„Hab ich ein  !“,

ruft der  der 1c.

Voll verzaubert

Endlich darf Fredo auch in die 

für  und  gehen!

Seine  Runa ist schon dort.

Sie kann fliegen und sich in einen 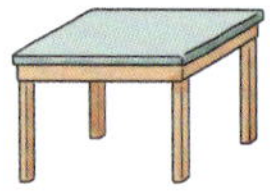,

einen  oder eine  verwandeln.

Fredo kann bisher nur

einen  in einen  verzaubern.

Runa klopft Fredo auf die .

Sie sagt fröhlich: „Auf zur !“

Der  ist sehr weit.

Sie laufen lange über  und 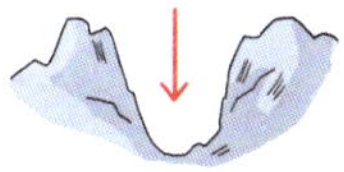.

Dann versperrt eine schwarze 

den  vor ihnen.

Dahinter liegt die .

Fredo will nicht durch die  gehen.

Runa gibt Fredo ihren .

Der  wärmt und macht Fredo mutig.

Fredo nimmt Runas 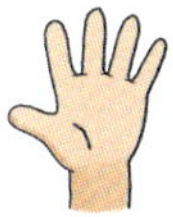 und läuft los.

In der  ist es stockdunkel.

Es fühlt sich an, als ob eiskalte 

nach Fredos  greifen würden.

Geschafft! Plötzlich taucht die  auf.

Fredo sieht eine alte .

„Das ist die  für 

und  !“, sagt Runa.

Fredo staunt und läuft durch das 

hinein in den hohen 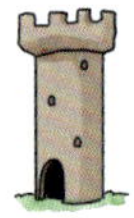 .

Dort treffen sich alle  .

Ein  lässt weiße 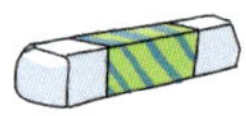

um die  der  fliegen.

Die 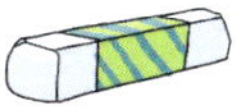 schreibt an die 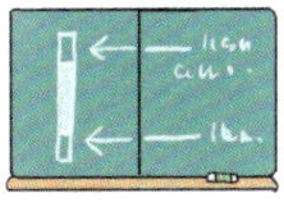:

„Herzlich willkommen, !“

Die 4a zaubert für die neuen 

bunte  und .

Eine  lässt die 

der 1a und 1b im  tanzen.

Auf einmal flattert es über Fredos .

Graublaue  bringen 

für die neuen .

Fredo ist stolz auf seinen .

Die  klatscht in die 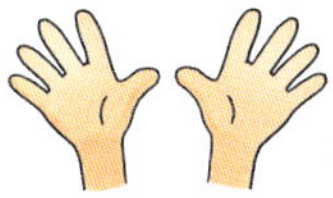.

Sie sagt: „ auf für Runa!

Sie zaubert uns jetzt etwas vor.“

Es wird still im .

Runa schließt die  ,

hebt ihren  und murmelt etwas.

Ein  leuchtet hell.

Auf dem 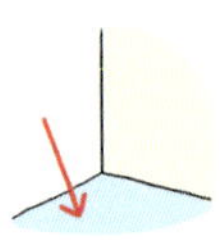 , wo Runa stand,

ist plötzlich ein  !

Alle  klatschen und jubeln.

„Bravo!“, ruft ein .

Wieder leuchtet ein  auf,

aber das  verschwindet nicht.

Runa kommt nicht mehr zurück!

Schnell wickelt Fredo dem 

Runas  um den .

Dann zückt er seinen ,

holt einen  aus seinem 

und zaubert daraus einen .

Das  frisst den .

Ein  leuchtet auf. Runa ist zurück!

„Danke“, flüstert Runa in Fredos 

und alle  jubeln den beiden zu.

Leserabe

Leserätsel

Rätsel 1

Folge den Buchstaben!

Wohin will Jan?
Folge den Steinen mit M.

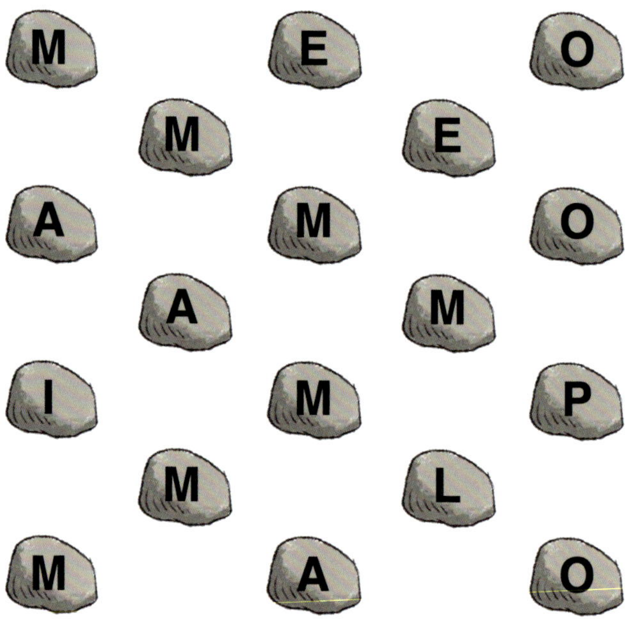

Bilderpuzzle

Rätsel 2

Hoppla, hier sind einige Bildausschnitte durcheinandergeraten. Welche beiden Ausschnitte passen nicht ins Bild?

1 2 3 4 5

Lösungen
Rätsel 1: Mond, **Rätsel 2:** 1, 4

Finde den Fehler!

Findest du die fünf Unterschiede?

Was passt hier nicht dazu?

Rätsel 4

In jeder Reihe passt ein Bild nicht zu den anderen. Welches?

Lösungen
Rätsel 3: Besen, Vogelfuß, Augen, Stern, Socken,
Rätsel 4: Bunstifte, Haare, Gitarre

Leserabe

Rabenpost

Rätsel 5

Rätsel für die Rabenpost

Worauf sitzt der Kopf?
Du findest es heraus, wenn du die Bilder durch Anfangsbuchstaben ersetzt.
Lass dir dabei von deinen Eltern helfen.

Lösungswort

Hast du das Lösungswort herausgefunden?
Dann kannst du jetzt tolle Preise gewinnen.

Gib das Lösungswort auf der Leserabe-Website
www.leserabe.de ein oder
schick es mit der Post
an folgende Adresse:

An den Leseraben
Rabenpost
Postfach 2007
88190 Ravensburg
Deutschland

* Wir verwenden die Daten der Einsender nur für das Gewinnspiel und nicht für weitere Zwecke.
Alle weiteren Informationen zum Datenschutz und über unser Gewinnspiel findet ihr unter **www.leserabe.de.**

Namensschild

Tisch

Schultüten

Bücher

Buntstifte

Flummi

Ohr

Schulter

Augen

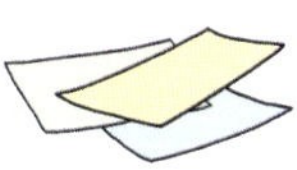

Papier

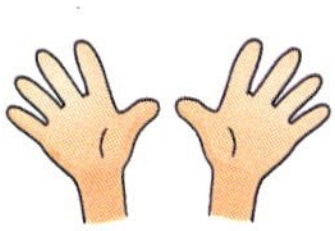

Hände

Pausenbrote

Astronauten

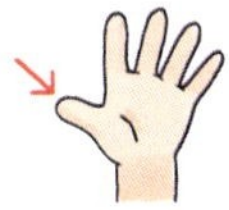

Daumen

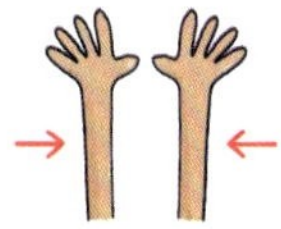

Arme

Zebrastreifen

Herz

Stuhl

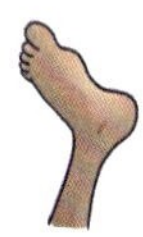

Fuß

Lehrer

Gitarre

Schlange

Blitz

Kloß

Hals

Auge

Haare

Kappe

Kekse

Detektivin

Regal

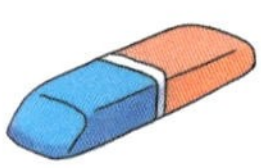

Radiergummi

Papierkorb

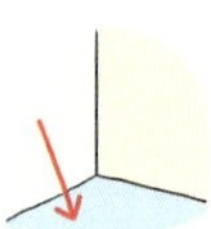

Boden

Spur

Krümel

Schrank

Tür

Zunge

Glück

Hexen

Zauberer

Schwester

Baum

Maus

Apfel

Weg

Berg

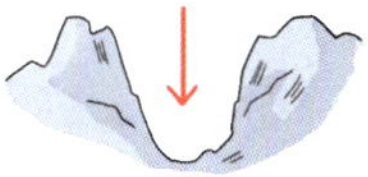
Tal

Wolke

Schal

Finger

Burg

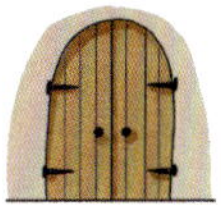
Tor

Turm

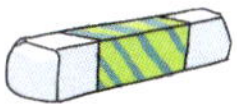
Kreide

Köpfe

Tafel

Luftballons

Blumen

Schulranzen

Kreis

Kopf

Tauben

Zauberhüte

Zauberhut

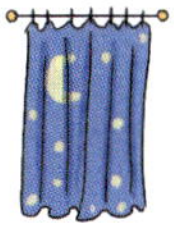
Vorhang

Zauberstab

Schwein

Schulranzen

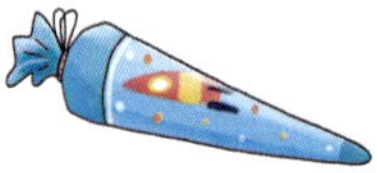

Schultüte

Bett

Schule

Sonne

König

Fenster

Küche

Bank

Rakete

Astronaut

Mond

Löffel

Marmelade

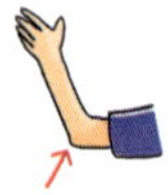

Ellbogen

Löwe

Malsachen

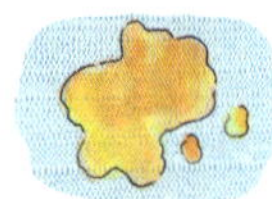

Fleck

Jacke

Klassenraum

Haken

Mädchen

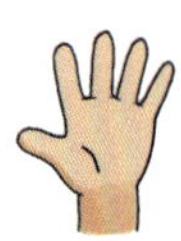

Hand

Lehrerin

Kinder

Auf geht's ins
Lese-Abenteuer!